专利代理条例

中国法制出版社

专利代理条例

ZHUANLI DAILI TIAOLI

经销/新华书店
印刷/北京海纳百川印刷有限公司
开本/850 毫米×1168 毫米　32 开　　印张/0.5　字数/6.9 千
版次/2018 年 11 月第 1 版　　2019 年 11 月第 2 次印刷

中国法制出版社出版
书号 ISBN 978-7-5093-9820-3　　定价：4.00 元

北京西单横二条 2 号
邮政编码 100031　　传真：010-66031119
网址：http：//www.zgfzs.com　　编辑部电话：010-66066621
市场营销部电话：010-66033393　　邮购部电话：010-66033288

（如有印装质量问题，请与本社印务部联系调换。电话：010-66032926）

目　录

中华人民共和国国务院令

第706号

《专利代理条例》已经2018年9月6日国务院第23次常务会议修订通过，现将修订后的《专利代理条例》公布，自2019年3月1日起施行。

总　理　李克强

2018年11月6日

专利代理条例

（1991 年 3 月 4 日中华人民共和国国务院令第 76 号发布　2018 年 9 月 6 日国务院第 23 次常务会议修订通过）

第一章　总　　则

第一条　为了规范专利代理行为，保障委托人、专利代理机构和专利代理师的合法权益，维护专利代理活动的正常秩序，促进专利代理行业健康发展，根据《中华人民共和国专利法》，制定本条例。

第二条　本条例所称专利代理，是指专利代理机构接受委托，以委托人的名义在代理权限范围内办理专利申请、宣告专利权无效等专利事务的行为。

第三条　任何单位和个人可以自行在国内申请专利和办理其他专利事务，也可以委托依法设立的专利代理机构办理，法律另有规定的除外。

专利代理机构应当按照委托人的委托办理专利事务。

第四条　专利代理机构和专利代理师执业应当遵守法律、行政法规，恪守职业道德、执业纪律，维护委托人的合法权益。

专利代理机构和专利代理师依法执业受法律保护。

第五条　国务院专利行政部门负责全国的专利代理管理工作。

省、自治区、直辖市人民政府管理专利工作的部门负责本行政区域内的专利代理管理工作。

第六条 专利代理机构和专利代理师可以依法成立和参加专利代理行业组织。

专利代理行业组织应当制定专利代理行业自律规范。专利代理行业自律规范不得与法律、行政法规相抵触。

国务院专利行政部门依法对专利代理行业组织进行监督、指导。

第二章 专利代理机构和专利代理师

第七条 专利代理机构的组织形式应当为合伙企业、有限责任公司等。

第八条 合伙企业、有限责任公司形式的专利代理机构从事专利代理业务应当具备下列条件：

（一）有符合法律、行政法规规定的专利代理机构名称；

（二）有书面合伙协议或者公司章程；

（三）有独立的经营场所；

（四）合伙人、股东符合国家有关规定。

第九条 从事专利代理业务，应当向国务院专利行政部门提出申请，提交有关材料，取得专利代理机构执业许可证。国务院专利行政部门应当自受理申请之日起20日内作出是否颁发专利代理机构执业许可证的决定。

专利代理机构合伙人、股东或者法定代表人等事项发生变化的，应当办理变更手续。

第十条 具有高等院校理工科专业专科以上学历的中国

公民可以参加全国专利代理师资格考试；考试合格的，由国务院专利行政部门颁发专利代理师资格证。专利代理师资格考试办法由国务院专利行政部门制定。

第十一条 专利代理师执业应当取得专利代理师资格证，在专利代理机构实习满1年，并在一家专利代理机构从业。

第十二条 专利代理师首次执业，应当自执业之日起30日内向专利代理机构所在地省、自治区、直辖市人民政府管理专利工作的部门备案。

省、自治区、直辖市人民政府管理专利工作的部门应当为专利代理师通过互联网备案提供方便。

第三章 专利代理执业

第十三条 专利代理机构可以接受委托，代理专利申请、宣告专利权无效、转让专利申请权或者专利权以及订立专利实施许可合同等专利事务，也可以应当事人要求提供专利事务方面的咨询。

第十四条 专利代理机构接受委托，应当与委托人订立书面委托合同。专利代理机构接受委托后，不得就同一专利申请或者专利权的事务接受有利益冲突的其他当事人的委托。

专利代理机构应当指派在本机构执业的专利代理师承办专利代理业务，指派的专利代理师本人及其近亲属不得与其承办的专利代理业务有利益冲突。

第十五条 专利代理机构解散或者被撤销、吊销执业许可证的，应当妥善处理各种尚未办结的专利代理业务。

第十六条 专利代理师应当根据专利代理机构的指派承

办专利代理业务，不得自行接受委托。

专利代理师不得同时在两个以上专利代理机构从事专利代理业务。

专利代理师对其签名办理的专利代理业务负责。

第十七条 专利代理机构和专利代理师对其在执业过程中了解的发明创造的内容，除专利申请已经公布或者公告的以外，负有保守秘密的义务。

第十八条 专利代理机构和专利代理师不得以自己的名义申请专利或者请求宣告专利权无效。

第十九条 国务院专利行政部门和地方人民政府管理专利工作的部门的工作人员离职后，在法律、行政法规规定的期限内不得从事专利代理工作。

曾在国务院专利行政部门或者地方人民政府管理专利工作的部门任职的专利代理师，不得对其审查、审理或者处理过的专利申请或专利案件进行代理。

第二十条 专利代理机构收费应当遵循自愿、公平和诚实信用原则，兼顾经济效益和社会效益。

国家鼓励专利代理机构和专利代理师为小微企业以及无收入或者低收入的发明人、设计人提供专利代理援助服务。

第二十一条 专利代理行业组织应当加强对会员的自律管理，组织开展专利代理师业务培训和职业道德、执业纪律教育，对违反行业自律规范的会员实行惩戒。

第二十二条 国务院专利行政部门和省、自治区、直辖市人民政府管理专利工作的部门应当采取随机抽查等方式，对专利代理机构和专利代理师的执业活动进行检查、监督，发现违反本条例规定的，及时依法予以处理，并向社会公布检查、处理结果。检查不得收取任何费用。

第二十三条 国务院专利行政部门和省、自治区、直辖市人民政府管理专利工作的部门应当加强专利代理公共信息发布，为公众了解专利代理机构经营情况、专利代理师执业情况提供查询服务。

第四章 法律责任

第二十四条 以隐瞒真实情况、弄虚作假手段取得专利代理机构执业许可证、专利代理师资格证的，由国务院专利行政部门撤销专利代理机构执业许可证、专利代理师资格证。

专利代理机构取得执业许可证后，因情况变化不再符合本条例规定的条件的，由国务院专利行政部门责令限期整改；逾期未改正或者整改不合格的，撤销执业许可证。

第二十五条 专利代理机构有下列行为之一的，由省、自治区、直辖市人民政府管理专利工作的部门责令限期改正，予以警告，可以处10万元以下的罚款；情节严重或者逾期未改正的，由国务院专利行政部门责令停止承接新的专利代理业务6个月至12个月，直至吊销专利代理机构执业许可证：

（一）合伙人、股东或者法定代表人等事项发生变化未办理变更手续；

（二）就同一专利申请或者专利权的事务接受有利益冲突的其他当事人的委托；

（三）指派专利代理师承办与其本人或者其近亲属有利益冲突的专利代理业务；

（四）泄露委托人的发明创造内容，或者以自己的名义申请专利或请求宣告专利权无效；

（五）疏于管理，造成严重后果。

专业代理机构在执业过程中泄露委托人的发明创造内容，涉及泄露国家秘密、侵犯商业秘密的，或者向有关行政、司法机关的工作人员行贿，提供虚假证据的，依照有关法律、行政法规的规定承担法律责任；由国务院专利行政部门吊销专利代理机构执业许可证。

第二十六条 专利代理师有下列行为之一的，由省、自治区、直辖市人民政府管理专利工作的部门责令限期改正，予以警告，可以处5万元以下的罚款；情节严重或者逾期未改正的，由国务院专利行政部门责令停止承办新的专利代理业务6个月至12个月，直至吊销专利代理师资格证：

（一）未依照本条例规定进行备案；

（二）自行接受委托办理专利代理业务；

（三）同时在两个以上专利代理机构从事专利代理业务；

（四）违反本条例规定对其审查、审理或者处理过的专利申请或专利案件进行代理；

（五）泄露委托人的发明创造内容，或者以自己的名义申请专利或请求宣告专利权无效。

专利代理师在执业过程中泄露委托人的发明创造内容，涉及泄露国家秘密、侵犯商业秘密的，或者向有关行政、司法机关的工作人员行贿，提供虚假证据的，依照有关法律、行政法规的规定承担法律责任；由国务院专利行政部门吊销专利代理师资格证。

第二十七条 违反本条例规定擅自开展专利代理业务的，由省、自治区、直辖市人民政府管理专利工作的部门责令停止违法行为，没收违法所得，并处违法所得1倍以上5倍以下的罚款。

第二十八条 国务院专利行政部门或者省、自治区、直辖市人民政府管理专利工作的部门的工作人员违反本条例规定，滥用职权、玩忽职守、徇私舞弊的，依法给予处分；构成犯罪的，依法追究刑事责任。

第五章 附 则

第二十九条 外国专利代理机构在中华人民共和国境内设立常驻代表机构，须经国务院专利行政部门批准。

第三十条 律师事务所可以依据《中华人民共和国律师法》、《中华人民共和国民事诉讼法》等法律、行政法规开展与专利有关的业务，但从事代理专利申请、宣告专利权无效业务应当遵守本条例规定，具体办法由国务院专利行政部门商国务院司法行政部门另行制定。

第三十一条 代理国防专利事务的专利代理机构和专利代理师的管理办法，由国务院专利行政部门商国家国防专利机构主管机关另行制定。

第三十二条 本条例自2019年3月1日起施行。

本条例施行前依法设立的专利代理机构以及依法执业的专利代理人，在本条例施行后可以继续以专利代理机构、专利代理师的名义开展专利代理业务。

司法部、知识产权局负责人就《专利代理条例》修订答记者问

2018 年 11 月 6 日，国务院总理李克强签署第 706 号国务院令，公布了修订后的《专利代理条例》（以下简称《条例》）。《条例》自 2019 年 3 月 1 日起施行。日前，司法部、知识产权局的负责人就《条例》有关问题回答了记者提问。

问：请简单介绍一下《条例》修订的背景和过程？

答：现行《专利代理条例》于 1991 年施行，对规范专利代理活动、推动专利事业发展起到了积极作用。随着我国社会主义市场经济体制不断完善，专利代理行业发生了较大变化：1991 年制定现行条例时，我国专利代理机构基本上附属于行政机关或者企事业单位；2000 年国务院办公厅转发《关于经济鉴证类社会中介机构与政府部门实行脱钩改制的意见》（国办发〔2000〕51 号），专利代理机构据此脱钩改制，大部分转变为独立的合伙企业或者有限责任公司，逐步走向市场化、专业化。现行条例有些内容已经过时。同时，专利代理行业也出现了专利代理机构和专利代理人不认真履行代理义务，代理质量低下，窃取委托人的发明创造以自己的名义申请专利，一些组织和个人不具备资格却以专利代理机构、专利代理人的名义招揽业务，扰乱专利代理行业正常秩序等问题，严重损害了委托人的利益。

为了解决上述问题，知识产权局研究起草了《专利代理条例修订草案（送审稿）》，于2011年1月报请国务院审议。原国务院法制办收到此件后，先后两次向有关部门、地方政府、行业协会、专利代理机构、企业和专家学者等方面征求意见，并向社会公开征求意见，会同知识产权局赴广东、四川等地方调研，召开部门座谈会、管理相对人座谈会、专家论证会。今年以来，司法部又会同知识产权局等部门根据新形势新要求，对送审稿反复研究、协调、修改，形成了《专利代理条例（修订草案）》。2018年11月6日，国务院总理李克强签署国务院令，正式公布修订后的《条例》。

问：《条例》修订的总体思路是什么？

答：此次修订，在总体思路上主要把握了以下三点：一是简政放权，改进专利代理执业准入制度，促进专利代理专业化、市场化。二是放管结合，健全专利代理执业规范，加强事中事后监管，保障委托人合法权益。三是优化服务，提高服务质量和工作效率，更好为当事人和社会公众服务。

问：《条例》对专利代理师执业准入制度做了哪些调整？

答：为了吸引更多人才进入专利代理行业，《条例》对专利代理师执业准入制度作了调整，放宽要求，兼顾公平：一是统一考试发证。现行条例规定了专利代理人资格证书制度，具体做法是，对社会公众实行考试，对长期从事专利审查、管理工作的人员实行考核，合格的发给证书。此次修订将考核与考试并轨，统一实行专利代理师资格考试，考试合格的发给证书。二是降低参加考试门槛，取消了现行条例关于申请专利代理人资格应当掌握一门外语等要求。三是取消实践中的执业证，规定专利代理师符合《条例》规定的执业条件即可执业。

问：《条例》对专利代理机构执业准入制度做了哪些调整？

答：为了优化营商环境，《条例》对专利代理机构执业准入制度作了调整，放宽要求：一是改革专利代理机构执业审批制度。将现行条例规定的对设立专利代理机构的审批修改为对从事专利代理业务的审批，放在工商登记之后。二是放宽专利代理机构执业准入条件，明确专利代理机构的组织形式为合伙企业、有限责任公司等；同时将目前关于专利代理机构的全体合伙人、股东必须具有专利代理资格证书和专利代理从业经验的要求，改为合伙人、股东符合国家有关规定。三是简化审批程序。取消了现行条例规定的申请设立专利代理机构须经省、自治区、直辖市专利管理机关审查同意的内容，规定从事专利代理业务直接由国务院专利行政部门审批；同时取消了实践中专利代理机构设立分支机构的审批。

问：《条例》为完善执业规范和服务监管采取了哪些措施？

答：为了维护专利代理行业正常秩序，保护委托人利益，《条例》作了以下规定：一是明确自愿委托代理原则。规定除法律另有规定外，任何单位和个人可以自行在国内申请专利和办理其他专利事务，也可以委托依法设立的专利代理机构办理。二是健全执业规范。进一步明确专利代理机构、专利代理师执业的行为规范及其相应的法律责任。三是加强行业自律。规定专利代理机构和专利代理师可以依法成立和参加专利代理行业组织，专利代理行业组织应当加强对会员的自律管理。四是优化服务。要求省、自治区、直辖市人民政府管理专利工作的部门为专利代理师通过互联网备案提供方便，国务院专利行政部门和省、自治区、直辖市人民政府管理专利工作的部门加强专利代理公共信息发布，为公众了解专利代理机构经营情况、专利代理师执业情况提供查询服务。五是改进检查监督方式。要求国务院专利行政部门和省、自治区、直辖市人民政府管理专利工作的部门采取随机抽查等方式对专利代理机构、专利代理师的执业活动进行检查、监督，加强事中事后监管。